VIE ANECDOTIQUE

DE

LOUIS-PHILIPPE,

Roi des Français,

Dédiée à la Garde Nationale et à l'Armée.

PAR

A. LAUGIER ET CARPENTIER.

De l'Institut historique de France.

Extraite de l'ouvrage des mêmes auteurs : Les SOUVERAINS en 1837.

PARIS,

CHEZ A. DESREZ, LIBRAIRE,

ÉDITEUR DU PANTHÉON LITTÉRAIRE,

Collection Universelle des chefs-d'œuvre de l'Esprit Humain.

11, RUE SAINT-GEORGES.

1837.

VIE
ANECDOTIQUE
DE LOUIS-PHILIPPE,
ROI DES FRANÇAIS.

IMPRIMERIE DE J.-A. BOUDON, 131, RUE MONTMARTRE

VIE ANECDOTIQUE
DE LOUIS-PHILIPPE,

ROI DES FRANÇAIS,

Dédiée à la garde nationale et à l'armée.

PAR A. LAUGIER ET CARPENTIER,
DE L'INSTITUT HISTORIQUE DE FRANCE.

PARIS.
CHEZ A. DESREZ, LIBRAIRE,
ÉDITEUR DU PANTHÉON LITTÉRAIRE,
Collection Universelle des chefs-d'œuvre de l'Esprit Humain.
11, RUE SAINT-GEORGES.

1837.

INTRODUCTION.

En brisant l'antique trône des Bourbons, la révolution de 1789 apprit au monde entier que désormais la nation française ne consentirait à accepter pour chef qu'un prince qui aurait à faire valoir d'autres titres que le privilége de la naissance.

La couronne, tombée de la tête du plus malheureux des rois, resta long-temps ensevelie au pied de l'échafaud. La providence mit un terme à nos tourmentes civiles. Un homme se rencontra brillant de gloire et d'avenir, son épée jetée dans la balance du destin, décida du sort de la patrie; cet homme prodigieux enchaîna la victoire à nos drapeaux; sous sa main puissante et créatrice, l'ordre et l'activité succédaient à l'anarchie; le grand homme eut bientôt saisi le pouvoir et le peuple, dans son enthousiasme pour ce génie organisateur, releva le trône qu'il avait jadis renversé, et ramassant lui même la couronne, il la plaça sur la tête de Napoléon.

Mais, la fortune est changeante et ce héros trahi par la victoire, fut précipité du faîte de sa puissance. La nation épuisée dans le sang de ses enfans lui fit expier, par un cruel abandon, le tort d'une seule défaite. C'est alors que la légitimité revendiqua par droit de naissance, le sceptre de St-Louis, de Henri IV et de Louis XIV. L'étranger appuyait ces prétentions; la France fatiguée ne pouvait plus combattre. Louis XVIII monta sur le trône. Bientôt l'empire succéda à la royauté et la royauté à l'empire. L'homme du siècle mourut sur le roc de Ste-Hélène. La légitimité, dans son aveuglement, se montra peu soucieuse de tout ce qui faisait l'orgueil de la France, et quinze années de règne ne firent que préparer sa chute.

La révolution de 1830 éclata et prononça le bannissement du roi dont le parjure avait pu rouvrir l'abîme de nos discordes civiles.

Tout fier des succès de nos vieilles phalanges, le peuple armé voulut venger un moment de trahison et de défaite; sans s'inquiéter de nos ressources matérielles, de bouillantes et généreuses imaginations rêvèrent les miracles de notre première révolution, l'expérience du passé nous préserva des maux, que faisait craindre un avenir incertain ; nos hommes d'état purent mieux juger notre situation, ils arrêtèrent cet élan généreux, mais inconsidéré, et grâce à eux la grande nation, en reprenant ses couleurs, le rang qu'on avait voulu lui faire perdre, put le faire sans avoir à répandre de nouveau le sang français.

La France demandait tranquillité et prospérité. Un prince qui comprend son époque et ses besoins, et qu'on a vu dans toutes les circonstances se montrer le protecteur éclairé des défenseurs de nos libertés, fut appelé à fonder une nouvelle dynastie. Certes on ne peut nier que ce ne soit à la sagesse de Louis-Philippe qu'on doit la paix de l'Europe..... Pourquoi donc de si monstrueuses tentatives contre des jours si utiles à la prospérité du pays ? Il faut bien le reconnaître, c'est que les partis déçus dans leur coupable espoir, furieux de voir que le gouvernement s'affermit, que le peuple repousse leurs utopies ridicules, arment la main de lâches sicaires contre un prince qui était connu avant 1830 pour son patriotisme sage, par l'accueil et la protection qu'il accordait aux artistes, par l'emploi honorable qu'il faisait de sa fortune.

Jamais prince montra-t-il plus de sympathie pour le peuple? Ses fils élevés avec les enfans des plus obscurs citoyens, sa maison composée d'hommes qui avaient servi sous l'empire, sa bourse ouverte à toutes les infortunes! enfin quel homme puissant fut plus honoré dans sa vie politique et privée! voilà pourtant le prince contre lequel d'infâmes séïdes sont lancés; mais ce n'est pas encore assez; on répand sur lui les bruits les plus faux; tous les moyens sont bons pour jeter la désaffection dans l'esprit des masses ; n'est-ce pas une lâcheté d'attaquer *sans cesse* la personne royale, car la défense à laquelle le plus simple citoyen a droit de compter, lui est interdite ; la justice seule cherche à mettre un frein à ces personnalités. Mais à peine ses arrêts sont-ils respectés.

A entendre ces détracteurs, celui que sous la restauration ils proclamaient le modèle des princes, n'en serait que le moins digne.

On l'a dit, un prince doit être connu de ses amis comme de ses ennemis ; le récit de sa vie doit justifier l'affection des uns et lutter contre la haine des autres en brisant les instrumens que la calomnie seule aurait pu leur fournir.

Nous dirons comment fut élevé le duc de Chartres, ses premiers pas dans la carrière politique, les brillants faits d'armes qui illustrèrent sa vie militaire, nous le suivrons au sortir de cette France qu'il a dû fuir pour sauver sa tête, nous dirons sa vie errante en Suisse, pour échapper à ses persécuteurs, sa présence au collége de Reichenau où l'ancien habitant du Palais Royal, l'héritier présomptif d'une couronne peut-être à la vérité brisée, enseignait la géographie, l'histoire, les langues, les mathématiques ; nous le suivrons jusqu'en Laponie où sur la trace de Maupertuis, il s'avança jusqu'à quelques degrés du pôle : nous l'accompagnerons au milieu des savanes de l'Amérique où il pleurait la patrie et ne pleurait pas ses propres grandeurs ; enfin, nous ferons connaître cette vie si pleine et si remarquable ! cette existence si noble, si riche de traits que la modestie de ce prince n'a révélés qu'à un très petit nombre d'amis. Fils d'un homme que l'opinion passionnée a traité sévèrement, mais que la postérité appréciera mieux, du moins a-t-il reçu de lui cet instinct de popularité qui fait toujours les bons princes et si souvent les factieux.

Louis-Philippe doué d'un grand sens, aiguisé par une longue expérience, a pratiqué les hommes, et étudié les choses. C'est ce qui en fait un homme si supérieur; mais si les hommes placés haut connaissent le roi Louis-Philippe, le peuple l'ignore; ce qui le rend si accessible à tous les contes débités sur ce prince, de ce prince calomnié chaque matin par des hommes qui mentent *sciemment* à leur conscience. Eh bien! nous entreprenons de faire briller la lumière au sein même de l'obscurité que l'on se plaît à entretenir; nous voulons faire connaître ce roi populaire; c'est cette vie qui, en 1830, était citée comme admirable, par ceux qui sont devenus ses plus grands détracteurs, que nous allons retracer.

Dire, le roi dans toute sa vérité. C'est rendre un service à la patrie qui l'a couronné.

VIE

Anecdotique

DE LOUIS-PHILIPPE,

ROI DES FRANÇAIS.

LOUIS-PHILIPPE Ier, roi des Français, naquit à Paris, le 6 octobre 1773, de Louis-Philippe-Joseph et de Louise-Marie-Adélaïde de Bourbon-Penthièvre. Le duc d'Orléans, son grand-père, si respecté à la cour, et si aimé du peuple qui dans sa reconnaissance l'avait surnommé le *roi de Paris*, vivait encore. Son père portait le titre de duc de Chartres; il prit lui-même celui de duc de Valois. Dès l'âge de cinq ans, il fut remis aux soins de M. le chevalier de Bonnard, connu par d'honorables services dans l'arme de l'artillerie, et quelques succès littéraires dont plus d'un auteur de nos jours tirerait certainement vanité.

Le jeune prince avait atteint sa huitième

année, lorsque son père confia son éducation à Mme la comtesse de Genlis. Ce choix provoqua les plaisanteries de la courtisannerie ; les sarcasmes ne furent pas épargnés ; toute innovation était un crime aux yeux de ces hommes partisans entêtés de l'étiquette. Charger une femme de l'éducation d'un prince, c'était déroger, c'était porter atteinte aux privilèges de la noblesse. N'eût-il pas mieux valu aller choisir un précepteur dans les rangs des flatteurs et des compagnons de plaisir? L'avenir devait justifier le choix du duc d'Orléans ; et comme on l'a dit, le plus bel éloge de Mme de Genlis est maintenant sur le trône de France.

C'est avec un vif intérêt que l'on suit le jeune duc de Chartres dans ses premières années, à cette époque de la vie où la paresse a tant d'attrait; où un sentiment d'amour-propre presque continuel étouffe toute pensée de générosité, on le vit montrer une assiduité extraordinaire dans ses études et un désintéressement remarquable dans toutes les circonstances; la noblesse de son caractère se révèle dans chacune de ses actions; mais aussi avec quel art son habile institutrice savait développer les heureuses facultés que son élève avait reçues de la nature : grâce à elle, tout servit à compléter son éducation, on aurait réellement peine à croire à la prodigieuse variété d'études qu'elle fesait succéder sans jamais fatiguer cette jeune et fertile imagination. Mme de Genlis voulut que le duc de Chartres ne restât étranger à aucune des branches de nos connaissances.

Elle lui fit apprendre les langues anciennes et vivantes, la mythologie, la littérature, l'histoire naturelle, la botanique, la chimie, la physique, la géographie, les lois, le dessin, l'architecture, les arts mécaniques, (1) la chirurgie même (2). Chaque heure de la journée avait son emploi arrêté ; dans les promenades on visitait les manufactures, (3) les usines, les cabinets, les collections ; à dîner, on ne

(1) On dit que les modèles déposés au Conservatoire des arts et métiers ont servi à l'éducation des princes.

(2) Nous verrons plus loin de quelle utilité cette science fut au prince dans son voyage en Amérique.

(3) Un jour, le duc de Chartres assistait à une fonte d'argent, chez M. Boubier, orfèvre ; une éclaboussure le brûla à la jambe. L'attention qu'il prêtait à cette opération l'empêcha de donner aucun signe de douleur ; il ne s'aperçut de sa blessure que lorsque son sang coula.

parlait qu'anglais; à souper, on conversait en italien.

On comprendra facilement que dans cette éducation pratique, le prince ne négligea aucun des exercices propres à développer ses forces physiques.

Il se pénétra des principes de la religion, unique base du bonheur et de la philosophie, et fortifia son âme contre les coups que l'adversité pouvait un jour lui porter. Jusqu'au jour où la fortune l'abandonna, quel noble et touchant usage on le vit faire de l'argent qui lui était donné : il présidait à toutes les bonnes actions auxquelles s'associaient le duc de Montpensier et le comte de Beaujolais ses frères. Leur pécule commun était destiné au pauvre petit enfant (1) qu'ils avaient adopté; au paralytique infirme dont ils soutenaient les vieux jours (2).

(1) Un petit paysan, nommé Augustin, avait une plaie incurable. Un charlatan allait lui couper le bras, lorsque sur l'invitation du duc de Chartres, un habile chirurgien, M. Bras d'Or, se rendit près du patient et lui sauva l'amputation. Augustin fut l'enfant adoptif des princes.

(2) Page 290, (Leçons d'une gouvernante à ses élèves.)

A cette générosité sans ostentation s'alliait une persévérance de soulager toutes les infortunes qui en rehaussait encore le prix.

Madame de Genlis elle-même, parle ainsi de son élève (1). « Sans aucune inspiration de personne directe ou indirecte, M. de Chartres a donné, il y a trois jours, en secret, à Delisle, tout l'argent qu'il avait pour délivrer un prisonnier. Le lendemain, on lui raconta qu'un homme fort malheureux manquait de tout; le prince n'avait plus d'argent; il demanda à sa gouvernante de lui en faire donner par M. Lebrun; mais, pour l'obtenir, il fut dans la nécessité d'avouer sa bonne action qui l'avait privé des moyens de répondre au vœu de son âme noble et généreuse. « Je me priverai de mes menus plaisirs, disait-il un jour à sa gouvernante, jusqu'à la fin de mon éducation, et j'en consacrerai l'argent à la bienfaisance. Tous les premiers du mois nous en déciderons l'emploi. Je vous prie d'en recevoir ma parole d'honneur la plus sacrée. Je préférerais que ceci fût de vous à moi; mais vous savez bien

(1) Page 78. (Leçons d'une gouvernante à ses élèves.)

que tous mes secrets sont et seront toujours les vôtres. »

Sa plume princière défendit contre un journaliste anonyme le peuple que celui-ci avait traité de bête féroce (1).

Les noms des d'Orléans étaient bénis du peuple qui, dans le moment de nos troubles civils, quand il n'était pas encore aveuglé par ceux qui parvenaient à souiller la plus belle des révolutions, distinguait le prince, qui compatissait à ses maux, de celui qui voulait maintenir tous les abus qui avaient enfanté et nourri sa misère.

Le duc de Chartres, le duc de Montpensier, et le comte de Beaujolais habitaient le château de Saint-Leu.

« La veille de notre départ, raconte madame de Genlis (2), en traversant un village à quatre lieues du château, tous les paysans, à la vue du cordon bleu de M. le duc de Chartres, firent des cris affreux et des hurlemens horribles.

(1) Page 185.
(2) Page 169.

» Les princes continuèrent leur chemin au galop, fort surpris de cette étrange fureur. Un moment après, ils virent accourir cette multitude armée de bâtons, de faulx, continuant ses cris et ses imprécations. Ils poursuivirent leur chemin. Bientôt ils eussent été hors de toute atteinte, lorsqu'ils entendirent ces mots : « Misérables, vous avez beau fuir, nous vous attraperons. A ce mot de fuir, ils s'arrêtèrent : « Puisqu'on nous accuse de fuir, dirent-ils, nous ne continuerons pas notre route. » Ils envoyèrent un de leurs gens vers cette multitude furieuse pour demander pourquoi ils voulaient tuer le duc de Chartres. A ce nom, ils furent surpris et dirent qu'ils l'avaient pris pour un autre, et le comblèrent de bénédictions. »

En 1787, le duc et la duchesse d'Orléans ayant fait un voyage à Spa, Mme de Genlis y conduisit leurs enfans. A son retour le duc de Chartres, qui était dans sa quatorzième année, s'arrêta à Givet pour inspecter le régiment de Chartres infanterie dont il était colonel propriétaire.

L'année suivante, au mois de septembre,

il visita le Hâvre, la Normandie et le Mont-St-Michel.

Laissons parler Mme de Genlis sur la destruction de cette fameuse cage de fer, dans laquelle Louis XIV tint enfermé pendant dix-sept ans un malheureux gazetier de Hollande, dont les articles lui avaient déplu et qu'il avait, par un guet-apens, fait enlever au sein de cette république.

« Nous entrâmes d'abord dans une citadelle où des gens du lieu habillés en soldats et avec des fusils attendaient mes élèves. On ne voit ici de troupes qu'en temps de guerre. Mais en temps de paix, comme à présent, c'est le prieur qui est commandant du fort.

» Je questionnai nos moines sur la fameuse cage de fer. Ils m'apprirent qu'elle n'était pas de fer, mais de bois, formée avec d'énormes bûches, laissant entre elles des intervalles à jour de la largeur de 3 à 4 doigts. Il y a 15 ans qu'on n'y a mis des prisonniers à demeure, (car on y en met très souvent quand ils sont méchans, me dit-on, pour 24 heures en 2 jours.) Quoique ce lieu soit horriblement humide et malsain et qu'il y ait une autre prison aussi forte et qui est saine; là dessus j'ai témoigné ma surprise.

» Le prieur m'a répondu que son intention était de détruire un jour ce monument de cruauté. Alors mademoiselle et ses frères se sont écriés qu'ils auraient une joie extrême de le voir détruire en leur présence; à ces mots, le prieur nous a dit que puisqu'il en était le maître, il leur donnerait cette satisfaction demain matin.

» Le lendemain le prieur suivi des religieux, de deux charpentiers, d'un des suisses et de la plus grande partie des prisonniers (nous avions désiré qu'ils vinssent avec nous) (1), nous a conduits au lieu qui renfermait cette terrible cage. Pour y arriver on est obligé de traverser des souterrains si obscurs qu'il y faut

(1) Un des prisonniers enfermé depuis quinze années n'avait pas eu jusqu'à ce jour la liberté de sortir du haut du fort. On obtint la permission qu'il désirait ardemment, de suivre les princes jusqu'au bas du château; l'infortuné qui donnait le bras à Mme de Genlis, s'écriait à chaque pas : *quel bonheur de marcher sur l'herbe!* Le duc de Chartres à son retour à Paris obtint sur le champ sa délivrance.

des flambeaux, et après avoir descendu beaucoup d'escaliers, on parvient à une affreuse cave où était l'abominable cage, d'une petitesse extrême, exposée sur un terrain humide où l'on voit ruisseler l'eau. J'y suis entrée avec un sentiment d'horreur et d'indignation, tempéré par la douce pensée que du moins, grâces à mes élèves, aucun infortuné désormais n'y réfléchira douloureusement sur ses maux et sur la méchanceté des hommes. *M. le duc de Chartres a donné le premier coup de hache* à la cage; ensuite les charpentiers ont abattu la porte et plusieurs pièces de bois. Je n'ai rien vu de plus touchant que les transports, les acclamations et les applaudissemens des prisonniers pendant cette exécution. C'était sûrement la première fois qne ces voûtes ont retenti de cris de joie. Au milieu de tout ce tumulte, j'ai été frappé de la figure triste et consternée du suisse de ce lieu qui considérait ce spectacle avec le plus grand chagrin. Je fis part de cette remarque au prieur qui me dit que cet homme regrettait cette cage, parce qu'il la faisait voir aux étrangers.

» M. le duc de Chartres en le récompensant

lui dit qu'au lieu de montrer à l'avenir la cage aux voyageurs, il leur montrerait la place qu'elle occupait et que cette vue leur serait sûrement plus agréable. »

La noblesse, qui déjà avait manifesté sa haine contre le duc d'Orléans, craignit de voir Louis XVI (1) céder aux conseils du prince qui le sollicitait de se mettre à la tête d'une réforme devenue désormais inévitable. Elle parvint à faire exiler (2) de la cour le plus éclairé des amis du roi. Mais l'animosité de cet entourage, qui voulait exploiter la couronne à

(1) Ce roi, dont la fin déplorable a fait oublier les fautes, servit la haine des courtisans au point de montrer la plus grande cruauté à l'égard du duc d'Orléans. Il força le prince à vendre un château où étaient déposés les ossemens de ses ancêtres, et à accompagner à pied, lors de leur translation, ces dépouilles mortelles au nouveau champ de repos qui leur était destiné. Faut-il voir dans cette action, indigne d'un roi, une preuve de cette sécheresse de cœur et d'âme que semble révéler la lecture du journal de Louis XVI?

(2) Rivarol, qu'on n'accusera certainement pas d'avoir été un partisan du duc d'Orléans, disait : « Contre toutes les lois de la perspective, le duc d'Orléans a grandi en s'éloignant. »

son profit et qui, par son aveuglement, préparait la plus sanglante catastrophe, ne s'arrêta pas au chef de la maison d'Orléans : elle rejaillit sur toute la famille.

Le duc de Chartres reçut le cordon bleu un an plus tard qu'il n'était d'usage de le donner aux princes du sang. Ce fut le premier janvier 1789 qu'il fut nommé chevalier du Saint-Esprit.

La possession de ce titre donnait au prince des droits à une pension annuelle de mille écus : la somme fut partagée par lui entre ses frères et sœurs, qui tous en firent don à des malheureux.

La révolution éclata lorsque le duc de Chartres touchait à peine à sa seizième année. Les murs de la Bastille s'écroulèrent et l'arbre de la liberté fut planté sur cette place où gisaient les derniers vestiges du despotisme.

L'abolition des droits féodaux, la révocation des apanages portèrent une rude atteinte à la fortune du duc d'Orléans. Son intérêt privé l'occupait peu quand parlait l'intérêt public. Le prince applaudit à cette régénération populaire encore pure de tout excès. Le

VIE ANECDOTIQUE

DE

LOUIS-PHILIPPE,

ROI DES FRANÇAIS,

Dédiée à la Garde nationale et à l'Armée,

PAR

MM. A. LAUGIER ET CARPENTIER,

DE L'INSTITUT HISTORIQUE DE FRANCE.

(Extrait de la *Vie des Souverains*, en 1837.)

Prospectus.

Les princes qui ont le plus de droit à l'immortalité, a dit Voltaire, sont ceux qui ont fait quelque bien aux hommes. Ainsi, tant que la France subsistera, on s'y souviendra de la tendresse que Louis XII avait pour son peuple : on excusera les grandes fautes de François Ier, en faveur des arts et des sciences dont il a été le père; on bénira la mémoire de Henri IV, qui conquit son héritage à force de vaincre et de pardonner; on louera la magnificence de Louis XIV, qui a protégé les arts que François Ier avait fait naître. De nos jours la grande nation, encore fière du règne glorieux de

Napoléon, s'enorgueillit de voir sur le trône le prince dont la main puissante, en assurant le triomphe de la liberté, écrasa l'anarchie dont les efforts multipliés cherchaient à ébranler l'édifice social jusque dans ses fondements.

Telle est la faiblesse des hommes, qu'à toutes les époques ils ont regardé avec admiration les princes qui ont fait du mal d'une manière brillante; qu'ils ont parlé plus volontiers du destructeur d'un empire que de celui qui l'a fondé. Et cependant est-il une vie de souverain plus curieuse à connaître, à étudier que celle d'un roi qui, après avoir préservé son peuple des maux dont il était menacé, consacre toutes ses veilles, tous ses moments à la prospérité et à la tranquillité de l'état qu'il gouverne. Si la guerre décore le conquérant des lauriers trop souvent ensanglantés de la victoire, la paix n'a-t-elle pas une couronne à offrir, couronne qui n'a pas coûté de sang, qui n'a point fait couler de larmes? Heureuse France, qui dans un espace de moins de quarante ans a vu l'Europe s'humilier devant le Napoléon de la guerre et saluer avec admiration le Napoléon de la paix!

Mais si l'étranger ne nous refuse aucune gloire; s'il reconnaît et proclame hautement les bienfaits dont notre pays est redevable à la sagesse de notre roi, au sein même de nos cités, des ambitions déçues, des passions violentes, des partis comprimés mais non anéantis, sèment et alimentent partout la désaffection. Ils ferment les yeux pour ne point voir ce qu'ils seraient obligés d'admirer et de louer; leur bouche ne s'ouvre que pour propager le mensonge, pour dénaturer les actions les plus louables du présent et calomnier une vie dont toutes les phases sont si belles. Lutter contre cet esprit du moment qui se plaît à flétrir ce qu'il approuve en secret; présenter aux hommes impartiaux les documents historiques qui doivent, s'il est possible, faire ressortir davantage toute la bassesse des moyens acceptés par le désespoir des factions; telle est la mission de l'historien.

Depuis près de sept années, la malignité, la calomnie ont pu s'exercer librement; on a dédaigné de les confondre. Aujourd'hui, c'est dans le sein de la garde nationale, de l'armée qui ont contribué à consolider le trône, sans cesse attaqué, que l'émeute voudrait se réfugier et miner une affection que des événements désastreux pour la patrie sont encore venus cimenter. Garder plus longtemps le silence, taire la vie du roi, serait faillir à l'histoire et à la France.

Que le tableau historique de ces actions si nobles, de cette jeunesse si laborieuse, de cet exil si long, si pénible, si intéressant se déroule aux yeux de tous. Que le burin retrace les événements les plus remarquables de cette vie de roi si riche d'observations, de hautes pensées et de sagesse! Qu'elle ne soit plus connue seulement de quelques personnes; mais que chacun puisse la posséder de manière à déjouer les machinations infernales de ceux dont la haine ou l'aveuglement, calomnient soixante années de la vie la plus honorable pour encourager au régicide ces exaltés qui, dans leur délire, voient les palmes du martyr de la liberté dans les cyprès qui naissent sous les pas mêmes de l'assassin.

CONDITIONS DE LA SOUSCRIPTION.

La Vie anecdotique de Louis-Philippe formera 1 vol. in-8.

Un portrait du Roi, gravé sur acier; 12 vignettes sur bois tirées sur papier de Chine, d'après les dessins de MM. Raffet, Lecursieux, de Rudder, Lorentz, et gravées par MM. Brevierre, Thompson, Porret et Castan, seront jointes à cet ouvrage qui sera publié en 12 livraisons. Une livraison paraîtra tous les 10 jours à partir du 10 mai 1837.

Le prix de chaque livraison contenant environ deux feuilles de texte et une gravure, est de 60 centimes.

On souscrit à Paris, chez :

BOHAIRE, boulevard des Italiens.
BOUQUIN DE LA SOUCHE, passage Vendôme.
BOURDIN, rue Quincampoix, 57.
Mme Ve DESAUGES, rue Jacob, 5.
DESCHAMPS, galerie Vivienne, 7.
FERRIER, passage Bourg-l'Abbé, 18.
FOULLON, passage du Commerce, 4.
GRIMPRELLE, rue Poissonnière, 25.
HERBAULT, rue du Bac, 4.
MM. LABBÉ, rue de la Verrerie, 59.
LAISNÉ, passage Véro-Dodat.
Mme MARCEL, rue du Cherche-Midi, 4.
MARTINON, rue du Coq-St-Honoré, 4.
PAUL, galerie de l'Odéon, 12.
POINE, rue Croix-des-Petits-Champs.
POSTEL, rue de la Monnaie, 22.
PRÉVOST, rue Bourbon-Villeneuve, 64.
PRODHOMME, rue du Cloître-St-Jacques-l'Hôpital.
TRAVERS, rue Saint-Jacques, 54.
VERGOE, place de l'Odéon.

Et dans les Départements chez les principaux Libraires.

A Paris, chez MAISON, successeur de M. Audin, quai des Augustins, 29.

Imprimerie de E. Duverger, rue de Verneuil, 4.

Conditions de la Souscription.

La Vie anecdotique de Louis-Philippe formera 1 vol. in-8°.

Un portrait du Roi, gravé sur acier, et 12 vignettes sur bois, papier de Chine, d'après les dessins de MM. Raffet, Lecurieux, Derudder, par MM. Brevière, Thompson, Porret et Castan, seront joints à cet ouvrage qui sera publié en 12 livraisons. Une livraison paraîtra tous les à partir du

Le prix de chaque livraison contenant deux feuilles de texte, est de 60 centimes.

On souscrit à Paris :

BOHAIRE, Boulevard des Italiens.
BOUQUIN DE LA SOUCHE, passage Vendôme.
BOURDIN, rue Quincampoix, 57.
Mme Ve DESAUGES, rue Jacob, 5.
DESCHAMPS, Galerie Vivienne, 7.
FERRIER, passage Bourg-l'Abbé, 18.
FOULLOE, passage du Commerce, 4.
GRIMPRELLE, rue Poissonnière, 25.
HERBAULT, rue du Bac, 4.
MM. LABBÉ, rue de la Verrerie, 59.
LAISNÉ, passage Vero-Dodat.
Mme MARCEL, rue du Cherche-Midi, 4.
MARTINON, rue du Coq-St-Hon. 4.
PAUL, Galerie de l'Odéon, 12.
POINÉ, r. Croix-des Petits-Champs.
POSTEL, rue de la Monnaie, 22.
PREVOST, rue Bourbon-Villen., 61.
PRODHOMME, rue du Cloître-St-Jacques-l'Hôpital.
Mme SIMON, rue des Pyramides.
TRAVER, rue Saint-Jacques, 54.
VERGUE, Place de l'Odéon.

Et dans les Départements chez les principaux Libraires.

A PARIS,

Chez **MAISON**, successeur de M. Audin, quai des Augustins, 29.

www.ingramcontent.com/pod-product-compliance
Ingram Content Group UK Ltd.
Pitfield, Milton Keynes, MK11 3LW, UK
UKHW032027260826
14628UKWH00006B/2780

9 782019 646882